Lasse Los

Den Umkehr-Blick wagen!

Lasse Los, Nachkriegsmodell Jahrgang 1947, Diplom-Pädagoge, Psychologischer Berater, Liedermacher und Dichtender, kurzum: Passionierter und mittlerweile pensionierter Mitmensch, beruflich in verschiedenen sozialpädagogischen und psychologisch beratenden Feldern, auch spirituell begleitend, kreativ tätig gewesen, seit mehr als 25 Jahren seine Lebensweisheiten (ver)dichtend aktiv.

Fingerzeig

Der Finger ist es nicht,
der auf den Mond verweist,
auch wenn des Mondes Licht
am Fingernagel gleißt.

Du sollst Dir nicht erlauben,
ans Nagelbett zu glauben,
auch wenn des Mondes Licht
im Nagelhorn sich bricht.

Erhebe Deinen Blick
und folg` dem Fingerzeig.
Tauch` in die Nacht und schweig`.

So findest Du das Glück,
den Mond direkt zu sehen,
in seinem Licht zu stehen.

Doch was am Mond besticht
ist nur geliehenes Licht
von stets umkreister Sonne.

Es ist schon eine Wonne,
bei hellem Mondenschein
auch mitten in der Nacht
im Sonnenlicht zu sein.

lasse los

den

umkehr-

blick wagen!

wort-bilder und gedichte

*Bibliografische Information der Deutschen Nationalbibliothek:
Die Deutsche Nationalbibliothek verzeichnet diese Publikation in der
Deutschen Nationalbibliografie; detaillierte bibliografische Daten
sind im Internet über http://dnb.dnb.de abrufbar.*

© 2016 Name des Autors/Rechteinhabers: Lasse Los

*Umschlaggestaltung: Lasse Los
Edition LOS Band 5
lasselos@email.de*

*Herstellung und Verlag:
BoD - Books on Demand,
Norderstedt*

ISBN: 978-3-7412-2544-4

Inhaltsverzeichnis der Wort-Bilder   Seite

01. Prolog: Umkehrblick, um klar zu sehen   12
02. Als Mensch präsent ein Mensch-Präsent   14
03. Aufgabe des Suchens   16
04. Aufklarung   18
05. Being present, being a present   20
06. Chance in der Krise   22
07. Dankbarkeit und Glücklichsein   24
08. Danke   26
09. Die-Regentin Deines Schicksals   28
10. Dogmalaria   30
11. Ehe   32
12. Ein Egozentrixer   34
13. Fairness – Fearless   36
14. Fülle Tage mit Leben, nicht aber Leben mit Tagen   38
15. GEHIRN untersucht GEHIRN und sieht Gehirn   40
16. Geschwätz – Gespräch – Gesang sein   42
17. Glücksklee   44
18. Gratefulness as great fullness -Dankbarkeit als große Fülle   46
19. Human evolutiv: Einsam – Zweisam – ACHTsam   48
20. Ich möchte einmal nicht gut sein, sondern gut genug   50
21. JA zum Leben   52
22. Krebs   54
23. Kreuz-Plus-Struktur der Wirklichkeit   56
24. Labora mit Ora in der Mitte   58
25. Lächeln, das leuchtet   60
26. Leere – Liebe – Integral   62
27. Mensch – Krone der Schröpfung   64
28. Menschen-Mensch – Mehr als nichts als   66
29. Mittendrin daneben? - Mittendrin DA? - Eben!   68
30. Nichts Furchtbareres - Nichts Fruchtbareres als der Mensch   70
31. Nichtsdestotrotz   72
32. Nowhere? - Now-Here!   74

33. Oxymoron - Paradox 76
34. Präsenz der Wirklichkeit – Präsent der Wirtlichkeit 78
35. Ratlos – Rastlos 80
36. Religion – des Bezuges – der Identität 82
37. Sehen und Schauen 84
38. Sich aufzwingen – SICH ins LEBEN einschwingen 86
39. Spiritualität 88
40. Stille: Ruhe – Reue – Reinigung 90
41. Stille: In Stille sein – Gestillt sein – Stillend sein 92
42. Swingagogik – Adeln, nicht tadeln 94
43. Swingen – Swingagogik – Zwingagogik 96
44. † ERROR 98
45. †o† ist anders - †o†ali†er 100
46. Tragik tragendes Vertrauen - Tragik getrübtes Versaue(r)n 102
47. Tragik tragendes Vertrauen - vorgegeben und aufgegeben 104
48. Umsonst umsonnt 106
49. Vergebens – Vergebend 108
50. Wahrheit ist paradox – Einfach, aber nicht simpel! 110
51. Wandelmutig, nicht wankelmütig bin ich! 112
52. Warter 114
53. WARUM nICHt? 116
54. Was will ich? - Was will MICH? 118
55. Weiter leben – Sich gebärdend? SICH gebärend? 120
56. Welche Wahrheit? 122
57. Wellness und AWARENESS 124
58. Wenn eine Gans sich einen Gott erdichtet 126
59. Wer bin ich? Nichts als? Viel mehr als? 128
60. W E S E N 130
61. Westlicher Weg – Östlicher Weg 132
62. Wieder Kinder werden? - Wie die Kinder werden? 134
63. WIN – WIN? - NIMM – NIMM? - Kippbild 136
64. Zeitkrankheiten: Hektik-Tick und Glücks-Infarkt 138
65. Zuständliche Naivität - Reflexivität – Bewusstheit 140
66. Epilog: Ken Wilber`s Quadranten – Variation 142

Inhaltsverzeichnis der Gedichte — Seite

01. Umkehrkur — 13
02. Den Umkehrblick entfalten — 15
03. Suchen – Finden – Gefundensein — 17
04. Die Aufklarung der Aufklaerung — 19
05. Face and Faith – Antlitz und Glauben — 21
06. Die Krise unterbinden – unterwinden – überwinden — 23
07. Wahres Glück – Stilles Glück — 25
08. ICH BIN DAnk — 27
09. Seelenwellenbändigerin — 29
10. Dogmalaria — 31
11. Dornenweg der Achtsamkeit* — 33
12. Mein Egotum — 35
13. Leben aus dem PLUS — 37
14. Weihe-Fest zum Menschen-Mensch — 39
15. Menschgemäßes Erkennen – Wahrheitsklammern* — 41
16. Nada Brahma – Die Welt ist Klang — 43
17. Glücksklee — 45
18. Es reicht mir, einfach D A zu sein — 47
19. Auszug aus der Zwo-Drei-Achtel-Welt — 49
20. Des guten Menschen Soll ist Krampf — 51
21. Ja um J A — 53
22. Der Wucherwahn — 55
23. Im Plus – Auferstehst als ein Kreuz-Plus — 57
24. Ora et Labora modern — 59
25. Befreiendes Lächeln — 61
26. Das ALL-EINE Liebe-Leere-Integral — 63
27. Befreiung aus dem Krüppel-Mieder — 65
28. Alle Menschen werden als Original geboren — 67
29. D A im N U — 69
30. Im Jahrtausend-Ausverkauf — 71
31. Trotzig widerstehen — 73
32. Jetztseits leben — 75

33. Zur Quelle im Zugleich	77
34. Präsenz gewahren	79
35. Zeitgeist-Motto: Jetzt geh`n wir wieder Sackgassi!	81
36. Abrahamische kontra asiatische Traditionen - R. Panikkar	83
37. Schauen und Betrachten	85
38. Swingen – Zwingen	87
39. Spiritualität muss auch Spüri-tualität sein	89
40. Kehre ein in Stille	91
41. Der Wirt der Stille	93
42. Swingen kontra Zwingen	95
43. Swingagogik statt Zwingagogik	97
44. Lebensfrucht der Todessucht	99
45. Leben nach dem Tod? - Im Tode?	101
46. Tragik tragendes Vertrauen	103
47. Tragik tragende Vertrauens-Trauung	105
48. Umsonst umsonnt	107
49. Vergebliche Botschaft?	109
50. Wahrheits-Verlust	111
51. Durch`s Kreuz der Wandlung	113
52. Es kündigt uns der Warter – Warter ist, wer …	115
53. Der Worum-Schlüssel	117
54. Im Ringen zwischen Ich und SELBST	119
55. Gut-Mensch oder Menschen-Mensch?	121
56. Die Erkenntnis des Wesentlichen	123
57. Wem willst Du Dich anvertrauen?*	125
58. Gottesbilder	127
59. Wer bin ich eigentlich?	129
60. Wandlungspräsent	131
61. West-Östliche Umarmung	133
62. Ihr sollt werden wie die Kinder (Lied)*	135
63. NIMM-NIMM oder WIN-WIN?	137
64. Westlicher Lebenswahn	139
65. Bewusstheit für Sonnenaufgang und Sonnenuntergang	141
66. Epilog: Panorama-Sicht	143

Vorwort

Im schöpferischen Prozess meiner spielerisch vertiefenden Arbeit mit Worten, Sätzen und Reimen entstanden im Laufe der Zeit auch etliche Wort-Bilder, von denen ich hier eine Auswahl präsentiere. Die Anordnung folgt keiner Systematik, sondern dem Alphabet. Neben jedem Wort-Bild erscheint ein Gedicht oder eine Erläuterung zum weiteren meditativen Innehalten.

Um klar zu sehen, braucht man den Umkehrblick.

Lasse Los

Umkehrkur

Das Leben als ein Lebensspiel
in zeitbegrenztem Durchgangsleid
ist in sich selbst kein Lebensziel.

Warum dann solch ein Wahn im Streit
um schneller, größer, mehr und mehr
in Konkurrenz bis hin zum Sieg?

**Im Kriege siegt
doch nur
der
Krieg!**

Vonnöten ist
nun eine Umkehr zum
Leben als ein Liebesspiel,
das in entgrenzter Lebensfreude
im ur-sprungs-of-fe-nen Lebensstil
sich selbst verschenke auch im Leide.

Lasse Los

Als Mensch präsent

ein Mensch-Präsent!

Lasse Los

Den Umkehrblick entfalten

Da liegt die Welt. Sie macht Dich an
und schlägt Dich nun in ihren Bann.
Sollst Deinem Wunsche Dich verpflichten,
in ihr Dich wohlig einzurichten.

Du greifst nach ihr mit Herz und Hand
und baust sie um mit viel Verstand.
Suchst sie nach Deinem Plan zu führen
und wirst Dich doch in ihr verlieren.

Denn negativ ist die Bilanz!
So lässt die Welt sich nicht gestalten.
Den Umkehrblick musst Du entfalten,
soll Dir gelingen dieser Tanz.

Dich selber musst Du überschreiten,
den Blick vom Machen-Wollen lassen,
mit Achtsamkeit die Welt umfassen.
So wirst Du Dir Erfolg bereiten.

Suchen – Finden - Gefunden- sein

Wer nur sich selber sucht,
der wird SICH stets verfehlen.
Er wird sich ständig weiter suchen,
wird für sich manche Wege buchen,
nur um sich selber zu erwählen.

Wer nur sich selber findet,
dem wird sein Selbst nur zählen.
Er kreist jetzt auf der eigenen Bahn,
zerfasert sich im Findungswahn,
wird mit-sich-selbst sich quälen.

Doch nur, wem im Gefundensein
der Such- und Findungswahn entflieht,
nur der entgeht der Selbstumrundung,
nur der ersteht in *Sinnerkundung,
die ihn nun zu sich selbst erzieht.

*(*Statt Sinnerkundung auch Welterkundung:
Der Leser kann entscheiden, welches Wort
ihm besser passt – momentan!)*

Die
Aufklarung
der Aufklaerung

Das radikal befreite Denken
stellt scheinbar Sicheres in Frage.
Es demontiert im Gegenlenken.

Es führt die beredte Klage
gegen alle voreiligen kaum
durchdachten Konstruktionen der
geglaubten heiligen festen Institutionen
in Gesellschaft, Kirche, Staat.

Doch zersetzt das Denken nur!
Für die aufrichtende Spur
stiftet es uns nicht
die Saat.

Nur
im Duett
mit dem Gewahren
foerdert es ein Aufklaren
der ureigenen Aufklaerung,
hilft somit der Bewährung
von Einsichten im Leben.

being present, being a present
Oder:
Präsent(-)sein

Präsent(-)sein,
im Evente-Schrein
LEBEN als Präsent gewahren,
sich IN-IHM als Präsent erfahren
und IN-IHM-MIT-IHM ein Präsent sein
und nicht nur im Event-Schein
ein glitzerndes Event sein.

Face and Faith

Zu mir
spricht Dein Gesicht,
was Du jetztseits wirklich glaubst.

KRISE

Lasse Los

          ueberwinden
Die Krise unterbinden
              unterwinden

Wenn
Du in einer
K r i s e
bist
und willst sie unterbinden, dann
wirst Du im Zusammen-
bruch
die Krise
unterwinden:
Auflösen wirst
Du Dich in ihr!

Willst Du jedoch im Krisenzwist
trotz alledem Durchlösung finden,
wird sich in ihrem Durchbruch
die Krise überwinden: Ein-
lösen wirst Du Dich
mit ihr!

Nicht Glücklichsein macht Dich dankbar, sondern Dankbarkeit macht Dich glücklich!

David Steindl-Rast
(It is not happiness that makes you grateful,
but gratefulness that makes you happy!)

Wahres Glück - Stilles Glück

Ich gebe doch und gebe doch
und kriege nie genug zurück!
So mangelt es mir stets an Glück.
Was ist das für ein Leidensjoch?

Du sagst mir, meine Sicht sei stur,
auf das mir Mangelnde fixiert.
So käme ich nie auf die Spur,
die mich zum wahren Glück hinführt.

Ich müsse für den Umkehrblick
mich öffnen, um nun zu gewahren,
wie sichtverzerrt ich mich verfahren
auf meinem Weg zum Geber-Kick

in meiner Selbst$_{ent}$täuschungskur,
zu geben, nur um zu bekommen,
was ich auf dieser Ego-Tour
für mich so alles vorgenommen.

Allein im Umklärblick präsent sein
und so im Leben ein Präsent sein,
für mich und auch für meine Mitwelt,
schenkt jenes Glück, das still sich hält.

Wenn das einzige Gebet,
das Du in Deinem
ganzen Leben
sprichst

>>Danke<<

lautete,
so wäre
das genug!

Meister Eckhart

(C. Ingram: Leuchtende Präsenz, München 2003, S.207)

ICH BIN DA(nk)

Im
Danken
werde ich präsent:
Ich tanke mein Präsentsein.

Ich danke ab im Gegenwind,
entsage mich dem falschen Schein.
Im Danken werde ich präsent.
Es lichten sich die Nebelschwaden.
Und ich erblicke Lebensschaden
in allem **ego** -haften Trend.
Im Danken bricht **mir** die Verblendung.
Die **WIRKLICHKEIT IST** ein **PRÄSENT**!
Sie schenkt sich uns, wenn auch dezent,
in überquellender Verschwendung.

Im Danken werd` ich ein Präsent:
Ich tanke das Präsentsein und
werde nunmehr
transparent
für
den
präsenten
Lichtschein.

Die
Regentin
Deines Schicksals
bist Du
nicht,
aber doch
die Dirigentin

Lasse Los

Seelenwellen-bändige-rin

Suche
nicht in den Wellen
die Regentin zu sein,
sondern sei in diesen Fällen
Dirigentin durch die Wellen.

Oder steige aus den Wellen
auf zur Wassermannstatur
und dann wandle auf der Tour
durch Dein Leben über Wellen.

Dogmalaria

Die Geisteskrankheit der Religioten
bezeichne ich als Dog-ma-la-ri-a.
Noch hat sie auf dem Globus satte Quoten.
Doch heilt sie langsam aus von Jahr zu Jahr.

Sie nistet gerne auch bei Ideologen,
am liebsten unerkannt im Geistesgrund.
So viele hat sie in den Wahn gezogen,
in geistig getrübten Klarsichtschwund.

Wir müssen diese Krankheit kurieren
bei allen, die von ihr befallen sind.
Wir müssen sie befreiend inspirieren,
damit sie nicht in ihnen Neues spinnt
und sie in ihrem Denken weiter driften
und sich ihr Leben wirkungsvoll vergiften.

Dornenweg der Achtsamkeit

Mein Wunsch:
Ihr sollt Euch nicht verlaufen
in Euerem streitbaren Ringen,
sollt` Eure Seelen nicht
verkaufen.

Ihr
sollt` Euch
nicht vom Weg abbringen,
der Euch noch zueinander führt:
Vom Dornenweg der Achtsamkeit,
dem Eure Zuwendung gebührt.

Damit Ihr bald, trotz Zwist und Streit,
trotz mancherlei Entfremdung,
trotz innerer Zerrissenheit,
trotz selbstverliebter Blendung,
in die gebroch`ne Zweisamkeit,
wenn auch verletzt, zurückfindet,
im Heilsamen Euch neu verbündet.

Mein Egotum

Mein Ego
ist in sich verkrümmt,
kämpft um sein Überleben.
Es ist vergangenheitsgetrimmt
und will zugleich an Zukunft kleben.

Die Gegenwart ist ihm ein Gräuel,
denn sie bedroht die Ego-Drift,
und sie entwirrt das Ego-Knäuel,
befreit vom egohaften
Gift.

Mein Ego wird sich deshalb hüten,
die lichte Gegenwart zu streifen.
Es wird mir listig anbieten, nach
jenen Früchten nur zu greifen,

die in der Ego-Haft gedeihen,
damit ich nicht den Anruf höre:
Lass` Dich vom Egotum befreien,
dass es Dich niemals mehr betöre!

Leben aus dem P L U S

Ich weigere mich, Probleme zu erzeugen,
für die ich dann nach Lösung suchen muss,
will ich mich ihrem Druckausgleich nicht beugen.
Ich find` mich vor im LEBEN aus dem PLUS.

Ich weigere mich, die Spannungen zu fliehen,
die aus ge-kreuz-ten Ge-gen-sät-zen sprießen.
Der Plusgestalt will ich mich nicht entziehen.
Ich möchte ihren Plusfluß mit genießen.

Verweigere, mich ausrichten zu lassen
an den zu leicht bewogenen
Heilsversprechen.
BIN MIR BEWUSST,
mein EGO muss erst brechen,
bevor ICH in der Lage bin zu fassen,
was nur in meiner Aufrichtung erscheint
und mich mit sich und so mit allem vereint.

Fülle Deine Tage mit Leben,
nicht aber Dein Leben mit Tagen!

Lasse Los

Weihe-Fest zum Menschen-Mensch

Das all-zu-mensch-lich Übliche,

es ist betrüblich, aber üblich

beim allzumenschlichen

Gemensche.

Von

diesem Übel

kannst Du Dich befreien,

wenn Du Dich von Dir scheiden lässt

und einwilligst ins Weihe-Fest zum Menschen-Mensch,

in dem Du urentsprungen schlummerst,

bis ER-mit-Dir erwacht.

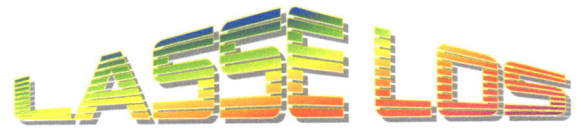

Menschgemäßes Erkennen

Wenn Du am Leben entlang studierst,
sei wach und werde Dir bewusst,
dass Du das Leben buchstabierst,
der Du ein Teil des Lebens bist.

Und wenn Dir nun der Geistwind weht,
Dir manche Einsichten erblühen,
erkenne ohne Schnörkel pur:

Im menschgemässen Alphabet
webst Du auch Deine Sichten nur.

Wahrheitsklammern

Nichts sollst Du erheben
auf den Thron, von dem aus ES
Dich nun beherrschen
will als Götze.

Klammer` alles ein,
so träumte mir heut` Nacht.
Alles ist nur eingeklammert existent.

Alle Wahrheit ist nur in der Klammer wahr.

Und auch diese Aussagen sind nur
in der Klammer fruchtbar.

Beieinander
Geschwätz
sein

Miteinander
Gespräch
sein

Zueinander
Gesang
sein

lasse los

Angeregt durch Hölderlin-Vers aus „Friedensfeier" 1802:
„Viel hat von Morgen an, seit ein Gespräch wir sind
und hören voneinander, erfahren der Mensch;
bald sind wir aber Gesang."

Nada Brahma *

An
ihrem blumen-
geschmückten Balkon trifft
unerwartet mich ein Archephon.
Es singt im Nu die ganze Blumenpracht.
Sie nickt zum Gruße. „Ach, wie schön!" ruf ich.
Sie lacht und freut sich wie ein frisch beschenktes
K i n d.
Durch ihre Haare streunt ein sommerlicher Wind.
Und einen Augenblick gewahr`n wir uns verbunden
im Seelenreich, das durch erwachte Augen blickt.
Und während wir uns schauen, entrückt
es schon und ist bald im Fremdel-
gang verschwunden.
Ich gehe weiter.
Und ich
fühle
m i c h
beschenkt,
bis mich die
Alltagstrance
erneut mit sich
verfaengt.

*Die Welt ist Klang

Glücksklee

Als ich Deiner gedachte, meine Bilder mir entfachte, um Dein WESEN zu erkunden, hab` ich diesen Klee gefunden

—·—·—

Einen Glücksklee mit vier Blättern, alle Blätter formvollendet, die in Kreuz-Plus manchen Wettern trotzen, wenn sich Schicksal wendet — Pflanze — Plus - ART, projiziert auf diese Ur-Symbol in Kreuz-Plus: Glück sich offenbart, für`s Ganze, das im Glücksklee als Symbol

Glücksklee als Symbol für`s Runde, Deformiertes Heilende: Ur-Symbol für`s Urgesunde, das im Ur-Grund Weilende

Lasse Los

Glücksklee

Als ich Deiner gedachte,
meine Bilder mir entfachte,
um Dein WESEN zu erkunden,
hab` ich diesen Klee gefunden.

Einen Glücksklee mit vier Blättern,
alle Blätter form-voll-en-det,
die in Kreuz-Plus manchen Wettern
trotzen, wenn sich Schicksal wendet.

Glücksklee als Symbol für`s Ganze,
das im Glück sich offenbart:
Ursymbol in Kreuz-Plus-ART,
projiziert auf diese
Pflanze.

Glücksklee als
Symbol für`s Runde,
Deformiertes Heilende,
Ursymbol für`s Urgesunde,
das im Ur-Grund Weilende.

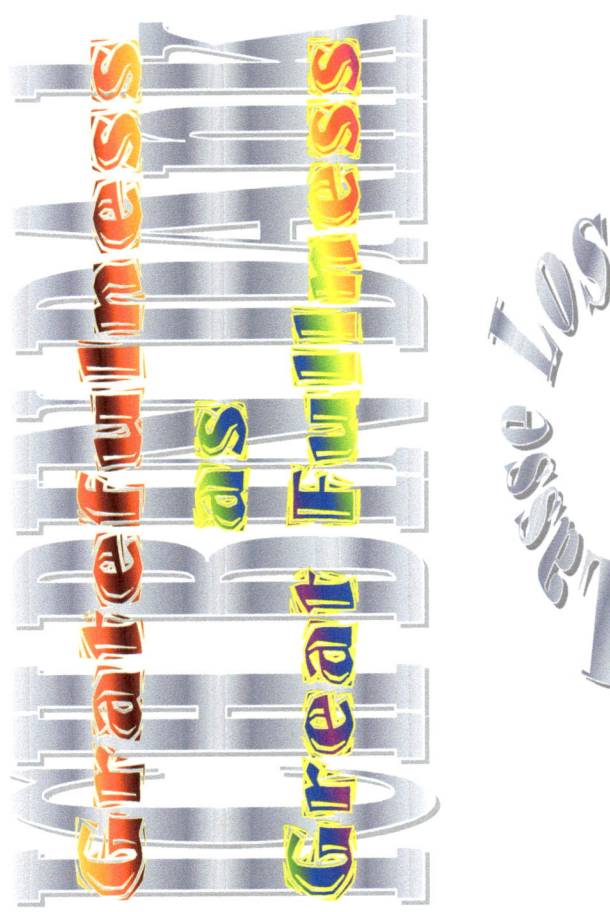

Es
reicht mir
einfach, DA zu sein

Es reicht mir einfach, DA zu sein
und mich DAbei dem DAnk zu weih`n,
dem WIE mich nicht mehr einzureih`n,
nicht mehr nur ein Dazu zu sein
in vieler Lust und mancher Pein.

Auszug aus der Zwo-Drei-Achtel-Welt

Wenn Unruhe sich in Dir rührt,
weil Dich die Zwo-Drei-Achtel-Welt
mit dem, was sie für wichtig hält,
nicht mehr in ihren Bann verführt

...

Wenn alle Achtel Dir erwachen
im ur-gesunden Wesens-Rund,
Dir U r -Lebendiges entfachen
für den Acht-Achtel-Lebensbund

...

Wenn Dir der Glaube an das Zwo-
Drei-Achtel bricht und Du verlässt
den Zwo-Drei-Achtel-Menschen-Zoo
und baust Dir ein Acht-Achtel-Nest

...

Wenn Du Acht-Achtel-Menschen triffst,

...

```
? ? ? ? ? ? ? ? ?   ? ? ? ? ? ? ? ? ?
  ? ? ? ? ? ? ?   *   ? ? ? ? ? ? ?
    ? ? ? ? ?   *  *  *   ? ? ? ? ?
      ? ? ? ? ?    *    ? ? ? ? ?
        ! ! ! !   *   ! ! ! !
            ! ! !     ! ! !
              ! !   ! !
                 !
```

Warum muss ich etwas leisten, um geliebt zu sein?

Ich möchte einmal nicht gut sein – sondern gut genug.

Adolf Muschg

(In: Karl-Josef Kuschel,
Weil wir uns auf dieser Erd
nicht ganz zuhause fühlen,
München 1985, S.137)

**Des
guten Menschen
Soll ist
Krampf!**

Er
spürt nun,
dass er aufhör`n soll,
sich selbst zu drangsalieren.

Jäh ahnt er, wie er, Zoll für Zoll,
dabei ist, sich noch zu verlieren,
wenn er sich der Mission verschreibt,

die er bisher an sich vollzogen,
in dem er weiter mit betreibt, was
zum Gut-Menschen ihn verbogen.

Des guten Menschen Soll ist Krampf,
der ihn von Kindheit an belogen, ums
Menschen - Menschliche betrogen
in seinem eigenen Lebenskampf.

In ihm drängt es zum Tieferschürfen:

Als Mitmensch einfach leben dürfen!

ja um JA

JA um JA -
offenbar
verborgen -
zeugt DICH in Dir

jahr um jahr -
offenbar
verbogen -
zeigst dich DIR nicht

JA um JA
trotzt heilend dir:
sei sein zeuge -
ja um JA -
jahrein - jahraus

Lasse Los

Lasse Los

Der Wucherwahn

Und sonnen
sich in seinem Geiste,
und eifern sich beständig matt,
und wuchern um das Allermeiste,
bis er sie ganz durchdrungen hat.

Und wenn er Zinsen trägt am Zellkern,
erschrickt sie jenes Kapital, das sie
woanders doch so gern ersehnt,
erstrebt so manches Mal.

Dem Gegenzauber trauen sie
die Tilgung jenes Mehrwerts an,
erdrosseln sich fast mit Chemie
und bleiben doch im Wucherwahn.

Im Plus

Im Plus,
da kreuzt
sich das
Konträre und kreuzigt sich
und auf-er-steht, kom-ple-
men-tär, in der Vereinigung
der Gegen-
sätze Im-
Einen-Plus.

Auferstehst als ein Kreuz-Plus

Welche
LEBENs-
Sicht Du hast,
spielt doch
keine
Rolle mehr. Denn wir leben ohne Rast
wetteifernd im SELBST-Verzehr.
Erst wenn Du gescheitert
bist an zerstöreri-
scher
Norm,
findest Du
im Seelenzwist
Deine ureigene Form.

Findest, was Du nie gesucht,
die ge-kreuz-te Plus-Ge-stalt,
nicht bewusst übertucht als
Dein W E S E N und Dein Halt.
Auferstehst als ein Kreuz-Plus
aus dem einpferchenden Minus,
an dem Du bisher geklebt und
Dich einschränkend verlebt.

Ora et Labora modern

Lass Dich
doch einfach ruh`n!
Entscheidendes geschieht
ganz ohne Dein Zutun.
Es tönt ein Anderes-Lied.

Du wirst es nur gewahren,
wenn Du jetzt innehältst
und Dich dem Offenbaren
der Ur - Vertonung stellst.

Dein-altes-Um-Dich-Kreisen
wird Dir beim wachen Hören
vergehen und verwaisen und
Dich nicht mehr betören.

Und in dem Neuen-Klingen
such` Dich ganz aufzurichten.
Du darfst das Lied mit-
singen. Die Welt
wird sich Dir
lichten.

Erst jetzt
sollst Du gestalten,
was zu gestalten ist, erst
jetzt Dich mit entfalten
in allem Lebens-
zwist.

Mich
Das glanzvoll
dürstet nach
gefratzte Gelächel,
einem Lächeln,
es löscht mir
das leuchtet!
nicht meinen Durst.

Lasse Los

Befreiendes Lächeln

Als ich in Deinem Weg Dir stand,
hast Du spontan mich angelächelt
und mir Dein Lächeln zugefächelt.
In ihm hab` ich uns jäh
erkannt!

Dem Menschen
steht der Mensch im Wege
als Lust, als Last, als Aufgegeben,
im stets bedrohten Weltgehege
sein Wesens - Lächeln mitzuleben:

Damit das Schwere schneller bricht,
das Hinderliche leichter fällt,
sich Förderliches zugesellt
mit einem lächelnden Gesicht.

*(Für eine mir unbekannte Frau, der ich im
Wege stand, als sie an mir vorbei fahren wollte.)*

Leere-Liebe-Integral

Lasse Los

"Denn das Leben ist die Liebe, und des Lebens Leben Geist."
Johann Wolfgang von Goethe: West-Östlicher Divan - Suleika

Das
ALL-EINE
Liebe-Leere-Integral

GANZ ALL-EIN und so allein kann
ALL-EINES doch nicht ganz sein,
denn die Liebe, die ALL-EINE,
bleibt als Liebe ja alleine und
kann sich ALS-SOLCHE nicht
entfalten im ALL-EINEN LICHT.

Also - um der Liebe willen - muss
sich das ALL - EI-NE teilen,
soll die Liebe sich erfüllen und
nicht IN-SICH nur verweilen,
ohne ihren Durst zu stillen
nach Verbundenheit.

Liebe-Leere-Integral

Liebe
sagt: Ich bin alles!
Weisheit sagt: Ich bin nichts!
Zwischen beiden
fließt
D A S
L E B E N !

Nisargadatta Maharaj

(frei nach Karlheinz Deschner - Bissige Aphorismen, Hamburg 1996, S. 87)

Befreiung aus dem Krüppel-Mieder

Der Affenmensch, er explodiert!
Das Menschen-Menschliche verkümmert!
Mit aller Technik ausstaffiert
wird das Humanum glatt gehämmert:

Der Affenmensch lebt exponiert!
In Medien wird er gefeiert,
als Superstar uns vorgeführt.
Als Mensch lebt er meist fehlgesteuert!

Doch das wird als normal gepriesen:
Er sei für uns Idol auf Zeit!
Wer sieht schon seine ganze Hohlheit?
Der Glaube an ihn führt zu Krisen.

Denn das Humanum, es kommt wieder
nach scheinbarer Verlorenheit!

Befreit uns aus dem Krüppelmieder
durchlebter wilder Affigkeit
und schenkt uns eine neue Zeit
in off`ner Menschen-Menschlichkeit.

Alle Menschen werden als Original geboren

Alle Menschen
werden als Original geboren,
die meisten aber sterben als Kopie.

Wer als Kopie stirbt,
war eine Fälschung
SEINER SELBST.

Und auf
dem Sterbebett
wird er es bereuen,
dass er das Original,
das er ist, nicht gelebt
hat in seiner Lebensfrist.

D A - im – N U

Ich saß mit meiner Frau beisammen.
Wir tranken Nachmittagskaffee.
Mein winterliches Grippe-Weh
wollt` mich ins Kranken-
bett verdammen.

Geschwächt ließ
ich sie einfach stehen,
die all-täg-li-che Lebenswelt.
Und es geschah ein lichtes Wehen,
zerblies, was sonst den Atem fällt.

Es lichtete mich ein Erstaunen, in
dem ich - wachgeküsst - mich sonnte,
gebettet wie in weiche Daunen, so-
dass mich Angst nicht packen konnte.

Es zerrte Zeit nicht mehr an mir!
Ich atmete die Offene Weite, in
dem geschenkten Jetzt-und-Hier,
das insgeheim mich einweihte
in das, was in ihm mich befreite
aus aller Trance alltäglich ver-
gitternder Zersplitterung.

Nichts Furchtbareres
Nichts Fruchtbareres
als der Mensch.
als der Mensch.

Lasse Los

Im Jahrtausend-Ausverkauf?

Wieder
geht ein Jahr zu Ende.
Zeit zerrinnt im Dauerlauf.
Wir durchleiden eine Wende
im Jahrtausend - Aus-ver-kauf.

Wird im kommenden Jahrtausend
eine Korrektur gescheh`n aus
verlebtem Saus und Braus?
Ob wir doch nicht
untergeh`n?

Haben
die vielleicht doch recht,
die von Mutation uns raunen,
lernen wir erneut zu staunen
im alltäglichen Geflecht? Dem,

was mich schon früh umfing, trau`
ich in der Chaos-Suppe: Stirbt
die Raupe, stirbt die Puppe,
überrascht der Schmet-
terling!

Trotzig widerstehen

.

..

Je-

tzt-

seits

trotzig

widerstehen

allem Tropfen-

trotzigen und im

Wasser untergehen und

als Wasser auferstehen,

frei vom Trennungs-

protzigen des noch

nicht erwachten

Tropfens.

Jetztseits leben

Jetzt-
seits leben!
Ach, so vielen
wäre es gegeben!
Wenn sie sich
nicht
mehr verspinnen, mehr verkleben würden, seitwärts,
zeitwärts sich verdünnen, abwärts rinnen,
ohne zu gewahren, was
sich innen in
der Stille
ihnen
offenbaren
könnte, wenn
sie es nur ließen,
was da sprießen will und
sich erheben: Jetztseits leben!

Zur Quelle im Zugleich

Die
meisten
meiner Zeitge-
nossen erspar` ich mir,
bis sie nicht mehr
im Weiterhin
sich wild
ent-
schlossen ver-
flüchtigen als Zeitverzehr.

Mein Zeitgenossensparguthaben
wächst stetig an. Ich werde reich
an Zeit, um tiefer noch zu graben,
bis hin zur Quelle im Zugleich.

Hier halt ich inne, trink` Im-Jetzt
den Urquell der Lebendigkeit und
halte diesen Trank bereit, dem,
der sich fast zu Tode gehetzt.

Präsenz gewahren

Das

Gewahren

des Präsenten in Allem

ist das Gewahren

des Präsentes

in Allem.

ZEITGEIST-MOTTO

JETZT

GEH'N

WIR

WIEDER

SACK-GASSI !

Die abrahamische Tradition sucht
d i e   D i f f e r e n z ,
für sie ist Gott
kein
Geschöpf.

Der indische Geist
sucht dasselbe Mysterium,
aber nicht die Differenz, sondern
d i e   I d e n t i t ä t .

B
E
B   E   I   D   E
D
E

g e -
h ö r e n
z u s a m m e n .

Raimon Panikkar

Ich schau'
Dich an und sehe
Dein zeitzerfurchtes Antlitz.

Ich sehe Zeitzerfurchtes.
Und
schaue
doch Dein
A N T L I T Z

Lasse Los

Schauen und Betrachten

Schau` ich Dich, sehe ich
Dein zeit-be-frei-tes
In-bild und bin
beglückt.

Be-
tracht` ich
Dich, dann sehe
ich Dein äußeres Ge-
wordensein und bin bedrückt.

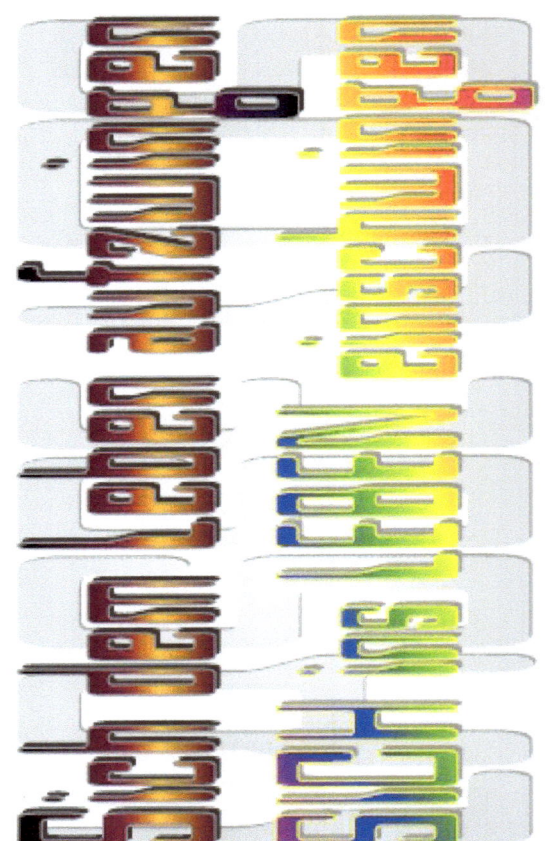

Sich swingen - nicht zwingen!

Zwing` Dich nicht in Stanznormen,
    um Dein Leben Dir zu stanzen.

Swing` Dich ein in Tanzformen,
    um ins Leben Dich
        zu tanzen.

Spiritualität

muss auch

Spür-itualität

sein!

Lasse Los

Kehre

ein in Stille

Halt` an den Lauf und kehre ein in Stille, die

Dich umfängt, durchdringt und Kraft Dir schenkt.

Sie löscht Dir alle Sucht, die Dich verrenkt

und löst Dir die verfärbte Sichtenbrille.

Sie nimmt Dich an die Hand. Du überschreitest

mit ihr die Grenze unserer Alltags-Trance.

Von Dir Entlobtes, gescheitert im Schrei-Test,

erhält in Stille stets eine neue Chance.

In Stille sein
Gestillt sein
Stillend sein

Der Wirt der Stille

Der Wirt der Stille öffnet Dir,
schenkt Dir Besinnung ein.
Er wartet ab, bis es Dich würgt,
Du den Gesinnungsbrei erbrichst.
Er wartet Dich, bewirtet Dich,
doch wertet er Dich nicht.
Und er erwartet nichts
von Dir! Er
schenkt
Dir
Stille
ein. Bis
Du gestillt,
gekräftigt bist,
sich Dir die immer
gleichen Fragen als
schon beantwortet vertagen.

Swingagogik

Willst Du die Menschen

veredeln

musst Du sie

adeln

nicht

Lasse Los

Soviel

wie möglich

swingen!

So

WENIG WIE

NÖTIG ZWINGEN!

Swingagogik statt Zwingagogik

Wer
das Leben
zwingen will,
wird von ihm
bezwungen!

Niedergerungen
wird man selten achtsam still
und gewahrt, dass Leben sich
swingen lässt, doch nicht bezwingen
auch im engagierten Ringen
bei so manchem Gegenstrich.

Swingagogik
wendet
Nöte,
nicht jedoch
die Zwingagogik,
auch wenn sie es anböte
in der eigenen Zwingerlogik,
sich dem Leben aufzuzwingen,
statt in ihm stets mitzuschwingen,
wie es nur die Swingagogik
kennt mit ihrer Mitschwinglogik.

Lebensfrucht der Todessucht

Was Ihr mit Eurer Todessucht
in Eurem eigenen Tode sucht,
wenn Ihr der Welt den Horror bucht,
ist doch nur pure Lebensflucht.

Auch wenn Ihr unsrem Leben flucht,
weil es nicht Eurer strengen Zucht
entspricht in unsrer Lebensbucht,
so bleibt doch Euer Tun verrucht:

Wenn Ihr in Eurer Todessucht
mit präsizierter Terrorwucht
nur unser aller Tode sucht
als Eures Terrors Lebensfrucht.

Leben nach dem Tod?

Der
Tropfen
fällt ins Meer,
das seiner sich
erbarmt, im Nu ihn
rund umarmt: Und
schon ist er im
Mehr!

Im Tode?

Im Tode zerbricht die
Gebrochenheit des Daseins!
Und das Prismatische erscheint
sich selber transparent, jetzt-
seits im Licht mit aller Ernte
erstrittenen Durchganges
durch die erlittenen
Brechungen.

Tragik-tragendes Vertrauen

Was

uns durch

alle Tragik

trägt,

wenn Tragik Unsere-Welt zersägt,

zeigt sein Gesicht

auch noch im

Grauen

als

t r a g i k -

t r a g e n d e s

V e r t r a u e n.

Das

tragik-tragende Vertrauen

ist vorgegeben und aufgeben

und als gegeben

nicht

aufzugeben.

Tragik-
Tragende-
Vertrauens-Trauung

Und wer sich dennoch traut,

dem Misstrauen zu misstrauen,

und es mit allerletzter Kraft und

seinem Restvertrauen schafft,

sein Wandeln im

Misstrauen

zu be-

dauern,

zu betrauern,

dem traut sich,

wenn auch unverfügbar,

Tragik tragendes Vertrauen an.

Umsonst umsonnt

Umsonst

umsonnt uns die Sonne

Umsonst

umsorgt uns mit Licht und Wärme.

Umsonst

Warum leben wir?

Umsonst

Warum sterben wir?

Umsonst

Worum kreisen wir?

Umsonst

Vergebliche Botschaft?

Lebst Du **vergebend,**

lebst Du **nicht**

vergebens!

Wahrheit

ist

paradox: Einfach,

aber

nicht

simpel!

Casselos

Wahrheits-Verlust

Die
Wahrheit aber
lässt sich nicht, in
keine/m/r Falle, definieren!
Du kannst jedoch in ihrem
Licht an ihr vorbei defilieren!
Versuchst Du, sie, trotz dieser Sicht,
noch weiterhin zu de-fi-nie-ren,
wirst Du sie nur noch mehr
sezieren! Ihr freundlich zu-
gewandtes Licht wird
dieses Definier-
Gericht
nicht
übersteh`n
und sich verlieren im
de-fi-nie-ren-den Rou-tie-ren!

(nach einem Satz von Luise Rinser:
>>Wandelmutig<< - nicht wankelmütig - bin ich!)

Durch`s Kreuz der Wandlung

Mein
Weg durch`s
Kreuz der Wandlung
verendet mir am Nullpunkt
im Stillstand
aller
Handlung.
Ich bin ins
Nichts getunkt!

Es sterben meine Welten!
Was stets noch trug, es wankt!
Was stets nur Trug, es krankt!
Was soll mir jetzt noch gelten?
Was mich bisher betankt?

Die Marter lässt mich
schmoren! Ach, ich
vergeh` mir bald!
Und werd` doch
neu geboren,
vom Ursprung
schon erkoren,
in lichter Plus-Gestalt.

Mein Weg durch`s Kreuz der Wandlung
vollendet sich im Kreuzpunkt in Stille.
Alle Handlung ist mir Ins-
Jetzt getunkt.

Es kündigt uns der Warter

Ein System siegt sich zu Tode:
Unsere Wirtschaftsweise blüht!
Wucher-Wahn ist groß in Mode!

Doch am Horizont, da zieht
schon das Abendrot herauf,
kündigt uns die letzten Tage
im hybriden Lebens-Lauf.

Kündigt an die neue Frage:
Ist die Macher-Zeit dahin?
Haben sie sich übernommen?

Die Zeit der Warter ist gekommen!
Sie schenken uns den Neu-Beginn!
Der Hetz-Galopp wird bald zum Trab!
Sie warten uns und warten ab!

Warter ist, wer ...

Warter ist, wer IN - SICH ruht,
wach, präsent, mitmenschlich offen,
und das Not-wen-den-de tut,
weil er davon mitbetroffen.

Warter ist, wer „ruhig Blut"
wahren kann in jeder Lage,
auch wenn ihm die Weltenflut
manche Gründe gibt zur Klage.

Warter ist, wer seine Glut
nicht missbraucht
zum
Weltenbrand,
sondern sich mit allem Mut
einsetzt, doch mit ruhiger Hand.

Warum nicht ?

Lasse Los

Der Worum-Schlüssel

Ach, es ergreift mich ein Entsetzen,
denk` ich an jenen Marterpfahl,
der Dir im Fleische hockt, Dir Qual
erzeugt im wuchernden Verletzen.

Warum nur traf es gerade Dich
mit dieser fürchterlichen Pein?
Auf Deine Frage: **"Warum ich?"**
stellt sich Dir keine Antwort ein!

Soll sich Dir eine Antwort zeigen,
die Dich aus der Verzweiflung treibt,
dann schwing` Dich ein in jenen Reigen
um (D)eine Mitte, die Dir bleibt.

„Ach, worum geht es eigentlich?"
im Auf und Ab der Not und Pein.

Die Frage: **"Worum kreise ich?"**
sie könnte Dir der Schlüssel sein
zu einer heilenderen Sicht
auf jenes, was jetzt transparent
durch Dich erscheint: Ur-Eigen(✝)lich(☥),
das stärker wird, wenn Leiden brennt.

In ihm wirst Du noch mehr präsent
und wirst für and`re zum Präsent,
die droh`n, im Leide zu vergeh`n,
weil sie noch nicht im Lichte steh`n,
das sie allein im Leiden trägt,
wenn es ihr Leben niederschlägt.

Im Ringen zwischen Ich und SELBST
oder:
SICH - MICH spricht zu mir

Du suchst MICH aufzuspüren,
um MICH zu spüren
und zu spuren
nach Deinem Willen,
damit ICH Dir auch spure,
Du nicht aus Deiner Spur gerätst,
anstatt MICH einfach aufzusuchen
und im Gefundensein zu finden,
damit ICH Dich NUN spure
nach MEINEM WILLEN,
Du MEINE SPUR
als DEINE
erfährst.

WEITER LEBEN?
Dich als Mensch gebärdend?
DICH als **MENSCH** gebärend?

Lasse Los

Gut-Mensch
oder
Menschen-Mensch?

Willst Du die Wildheit Dir endgültig zähmen,
so rüste Dich mit dem Kostüm der Menschlichkeit.
Es wird Dir Deine Wildheit gründlich lähmen:
Als guter Mensch verlebst Du die geschenkte Zeit!

Willst Du jedoch den Menschen-Mensch in Dir
entdecken, dann richte Dich nicht aus an seiner
Kleidung. In Aufrichtung wird er sich in Dir
recken, durchbrechen die genormte
SELBST-Vermeidung.

Und er wird
Deine Wildheit für
sich nutzen als Kraft,
als seine Träger-Energie:
sie wandeln und veredeln,
doch nicht stutzen, denn Fesseln
zwingen immer in die Knie. Und
folgst Du ihm, so wird er Dich geleiten
hin zu dem Ursprung jetztseits aller
Formung. In seiner Gegenwart wirst Du Dich
weiten und Dich in Deiner Plusgestalt verbreiten
als Menschen-Mensch, befreit von mancher Normung.

Die
Erkenntnis
des Wesentlichen

**Das
Wesent-
liche**
ist *nicht be-greif-bar.* Es ist
also nicht
aufzu-
klaeren,
wohl aber*
aufzuklaren!

(**Hans-Peter Dürr)*

Im Wellnessglauben nimmst Du DICH nicht ernst!
AWARENESS allein zeigt, WER-DU-BIST!
Ob Du es noch zu unterscheiden lernst?
B e d e n k e ! Begrenzt ist alle Frist!

Wem willst Du Dich anvertrauen?

Nebel-Dichter, Nebel-Lichter:
Wem willst Du Dich anvertrau`n?
Nebel-Dichter schenkt Dir bunte Nebel,
kannst damit Paläste bau`n,
kannst Dich schmücken
und wirst andere
Vernebelte
ent-
zücken!
Nebel-
Lichter
fordert von
Dir bunte Nebel
ein, raubt Dein
Wohnen Dir im Dunste,
lichtet allen faden Schein.
Und entsorgt Dich Nebelnächten,
will Dein LEBEN Dir erfechten,
will ohn` Wenn und Aber
Dein Belichtet-
sein.

Und
nun wähle:
Welche Richtung
schlägst Du
ein?

wenn
eine gans
sich hinter gänsegattern
einen gott erdichtet,
muss er
schnattern!!

(frei nach Michel de Montaigne)

Gottesbilder

Will eine Kuh sich
am Göttlichen
erfreuen,
dann muss der Gott,
den sie erdichtet, widerkäuen.

Der Gott, den sich die Mäuse kreieren,
der muss wie sie ein Mäusedasein führen.

Der Gott, den sich die Gänse hinter Gattern
erdichten, muss wie sie oft heftig schnattern.

Der Gott, den sich die Bonobos erschaffen
nach ihrem Bilde, muss vögeln wie die Affen.

Der Gott, den sich die Macher erdenken,
der muss nach ihrem Bilde alles lenken.

WER

BIN ICH

EIGENTLICH?

Ich bin zwar auch noch Sohn, doch bin ich es nicht nur.

Ich bin zwar auch noch Freund, doch bin ich es nicht nur.

Ich bin zwar auch noch Bruder, doch bin ich es nicht nur.

Ich bin zwar auch noch Ehemann, doch bin ich es nicht nur.

Ich bin zwar auch noch Rentner, doch bin ich es nicht nur.

Ich bin zwar auch ....?   Was bin ich noch ....?

Wer bin ich denn nun eigentlich,

WENN

EIGENTLICH

I c h - I C H - B I N ?

Wandlungspräsent

Es war das Widerfahrnis einer An-WESEN-Heit,
die ohne Wenn und Aber mich im NU mit Dir verband.
Es blieb mir dabei überhaupt keinerlei Zeit
zu fragen, ob ich`s wollte oder wie ich es so fand.
Ich fühlte mich zugleich von der PRÄSENZ gefunden,
erschaute – still jubelnd – Dein WESENs - Inbild,
gewahrte mich im Tiefsten mit Dir verbunden
und war von überfließender Freude erfüllt.
Und es geschah genau in dem
ent-schei-den-den Mo-ment,
als ich nach kurzer Zeit mich
von Dir trennen wollte,
weil ich der A R T,
Dich auszuleben
zunehmend
grollte.
Doch dies
verhinderte das
jähe Wandlungspräsent.

Es offenbarte mir sogleich, wer Du wirklich bist,
vergeudest Du nicht kostbare Lebensfrist
damit, nur Um-Dich zu kreisen
ohne Ziel und Sinn,
anstatt aus
Deinem WESEN
zu leben mit Gewinn
für Dich und andere.

Westlicher Weg
Östlicher Weg

West - Östliche Umarmung

Und
würdest Du
mich
fragen:

Was hältst Du von der Religion?
So würde ich Dir sagen:
Ich suche jenen neuen Ton
westöstlicher Umarmung
des Buddha mit dem
Nazarener:

Begegnung beider als Ent-Tarnung
der religiös Verengten, jener,
die ihren jeweiligen Meister
noch nicht in seiner
Tiefe kennen

und sich nur - frömmelnd - selbst verrennen,
die sich verkleben mit dem Kleister
der eigenen Unfehlbarkeit
bis an das Ende ihrer Zeit.

Wieder Kinder werden?
Wie die Kinder werden?

Lasse Los

Lied: Ihr sollt werden wie die Kinder

Refr.: Ihr sollt werden wie die Kinder:
Frohgemut und kindlich offen!
Ihr sollt werden wie die Kinder:
Neugierig und stets betroffen!
Werden wir wohl wie die Kinder,
ist für die Zukunft noch zu hoffen!

1. Ihr sollt werden wie die Kinder,
nicht kindisch, sondern kindlich offen,
so neugierig wie Spurenfinder
von Spuren, die noch Grund zum Hoffen
uns geben im verstellten Leben,
das wir so gerne uns erstreben.

2. Ihr sollt werden wie die Kinder,
nicht vorlaut, sondern mitteilsamer
und auch begeisterte Erfinder
von neuen Spielen, die heilsamer
uns in das Leben integrieren
und zueinander uns hinführen.

3. Ihr sollt werden wie die Kinder,
nicht schwach sondern erbarmungsstark,
spontane Sympathie-Entzünder,
dort, wo die Herzlichkeit nur karg
und mühsam sich behaupten kann:
Da bricht nur Kindlichkeit den Bann!

4. Ihr sollt werden wie die Kinder,
nicht altklug sondern ganz präsent,
nicht wie Härter, nein, wie Binder,
den man ja vom Klebstoff kennt.
Härten wird uns schon das Leben:
Die Bindung ist uns aufgegeben!

LASSE LOS
Kipp-Bild-kipp-Bild-kipp-Bild

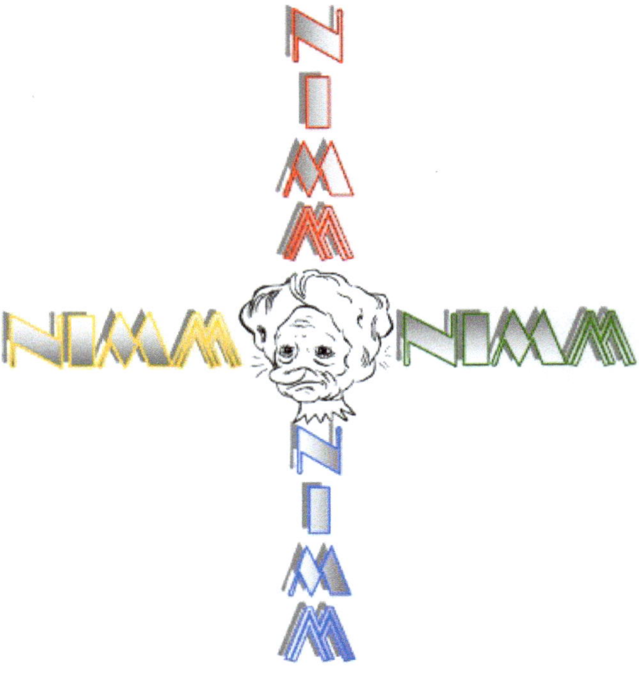

NIMM
NIMM
NIMM
NIMM

NIMM-NIMM oder WIN-WIN

Er
war
- ganz klar -
vom Stamme: Nimm!
Sie gab ihm viel! Er nahm es gern!

Doch lag es ihm natürlich fern
in seiner Art, und das wurd` schlimm,
zu geben ohne ein >Um-Zu<
in der Präsenz von
Ich-und-Du.

Als
Gläubiger
vom Stamme Nimm
wollt` er nicht sehn:
Es liegt nur Sinn
im gegenseitigen
Gewinn!

Das
zeugte ihr
des öfteren Grimm
und nach vertanen Probejahren
mit manchem Klimmzug in Win-Win
das ab-schied-liche End-Verfahren.

Zeit-Krankheiten

Hektik-Tick und Glücks-Infarkt

Lasse Los

Westlicher Lebenswahn

Und Leben ist nur mangelhaft,
dem, der es sich als Mangel schafft,
an diesem Mangel heftig haftet -
und das als Mangel nicht verkraftet!

Und nun noch schlimm`ren Mangel spürt,
deshalb die Lehre propagiert:
Ein Leben in solch` Mangelhaft
gehört am besten abgeschafft!

Und er bricht auf! Ihm muss gelingen,
jedweden Mangel zu bezwingen!
Je mehr er hat, je mehr er will!
Gehorsam beugt er sich dem Drill!

Und hält solange sich auf Trab,
bis ihn erlöst sein kühles Grab:
Die endgültige Mangelhaft,
die NUN-wohl jeden Mangel schafft!

Be-
wusstheit für den
Sonnenauf- und -untergang

Weil die Erde sich um sich selber dreht,
die Sonne jeden Tag auf- und untergeht.
Wer das nicht erkennt, glaubt dem Augenschein
und fällt so auf die naive Sicht herein.

Wenn er es erkennt und die Struktur durchschaut,
die das Kreisen der Planeten auferbaut,
erlebt er trotzdem Sonnenauf- und Untergang,
jetzt jedoch bewusst für den Zusammenhang.

Sonnenauf- und -untergang sind nicht mehr Fakt.
Dem Erleben aber sind sie ein Symbolakt
für das Licht- und Lebenspendende im Aufgang
und das Leuchtend-Tröstliche im Untergang.

Pano-
rama-Sicht

Ich will neue Wege finden,
Alt-Bewährtes jetzt zu sagen.
Lass` mich nicht mehr einbinden
in überkomm`ne Schein-Fragen,
die sich nähren vom Zerspalten
der ALL-EINEN-WIRKLICHEIT.

Sie
durch-
scheint in den Gestalten
jetzt-
seitig in
Raum und Zeit.

Doch Du wirst sie nur gewahren,
wenn Du sie unzerteilt anschaust
und ihrer Transparenz vertraust.
So nur wird sie Dich aufklaren
aus ihrem ungebrochenen Licht
mit einer Panorama-
Sicht.

__Anmerkungen__

(1) **Fingerzeig** ist erschienen in:
   Lasse Los: Im Staunen bin ich frei gesetzt - Gedichte, Lieder, Texte 2001 - Neuauflage 2015 - BoD, Norderstedt

(2) **Dornenweg der Achtsamkeit** ist erschienen in:
   Lasse Los: Verwundert - Gedichte und Briefe 2001, erweiterte Neuauflage 2016 - BoD, Norderstedt

(3) **Wahrheitsklammern** und

(4) **Der Wirt der Stille** und

(5) **Wem willst Du Dich anvertrauen?** sind erschienen in:
   Lasse Los: Im Staunen bin ich frei gesetzt - Gedichte, Lieder, Texte 2001 - Neuauflage 2015 - BoD, Norderstedt

(6) **Ihr sollt werden wie die Kinder** ist erschienen in:
   Lasse Los: Seid ihr noch zu retten? - Music-Textivals - erste Version 2001 - erweiterte Neuauflage 2016 - BoD, Norderstedt

Eingeschränkte Copy-Right-Erlaubnis für private nicht kommerzielle Zwecke:

Es ist erlaubt, für private nicht kommerzielle Zwecke Wort-Bilder auf Din A 6 Karten zu kopieren und kostenlos weiter zu reichen, wenn auf der Kartenrückseite der Buchnachweis verzeichnet ist:

Aus: Lasse Los: Wage den Umkehr-Blick!

In der Reihe Edition LOS sind außerdem erschienen:

Band 1: Lasse Los: Im Staunen bin ich frei gesetzt
Gedichte, Lieder, Texte 2001 - Neuauflage 2015 - BoD, Norderstedt

Band 2: Lasse Los: Verwundert
Heilsames Misslingen - Testlauf in der Kunst des Scheiterns - Gedichte und Briefe 2001, erweiterte Neuauflage 2016 - BoD, Norderstedt

Band 3: Lasse Los: *R*-AUSGEFLOGEN
Ein bunter Abgesang auf einen Kreuzweg in und aus der realexistierenden Kirche! Texte, Gedichte und Briefe - erste Version 2001 – erweiterte Neuauflage 2016 - BoD, Norderstedt

Band 4: Lasse Los: Seid ihr noch zu retten?
Tiefenökologische und spirituelle Gleichnisse als Music-Textivals – erste Version 2001 - erweiterte Neuauflage 2016 - BoD, Norderstedt